Pensiero Positivo

Cambiare Vita
con le Affermazioni Quotidiane

Di Miranda Loxley

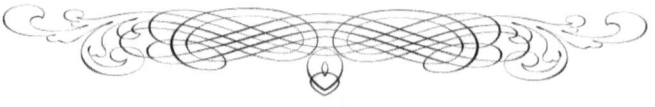

DISCLAIMER

Questo libro è stato scritto solo per dare informazioni di base. Ogni possibile sforzo è stato fatto per rendere il libro più completo ed accurato possibile.

Tuttavia, ci possono essere errori sia nella tipografia sia nel contenuto. In più, le informazioni contenute in questo libro sono aggiornate alla data di pubblicazione. Quindi va usato come una guida, e non come l'unica sorgente di informazioni.

Lo scopo di questo libro è di educare. L'autore ed editore non garantisce che le informazioni contenute in questo libro siano complete, e non è ritenuto responsabile per errori ed omissioni.

L'autore e l'editore non avranno alcuna responsabilità nei confronti di qualsiasi persona o entità in relazione a qualsiasi perdita o danno causato direttamente o indirettamente da questo libro.

INDICE

INTRODUZIONE

Ogni pensiero che pensi, ogni parola che dici, il nostro parlare di noi stessi o il dialogo interiore: tutto questo è un flusso di affermazioni. Stiamo continuamente affermando inconsciamente le nostre parole e i nostri pensieri e questo flusso di affermazioni sta creando la nostra esperienza di vita in ogni momento.

Le nostre convinzioni sono solo dei modelli di pensiero appresi che abbiamo sviluppato sin dall'infanzia, molti di questi funzionano bene per noi, ma altri potrebbero in realtà lavorare contro di noi, sono disfunzionali e potrebbero sabotarci dal realizzare ciò che crediamo di desiderare.

Ogni affermazione che pensiamo o diciamo è un riflesso della nostra verità o delle nostre credenze interiori. È importante rendersi conto che molte di queste "verità interiori" potrebbero non essere realmente vere o potrebbero essere basate su impressioni non valide o inappropriate che abbiamo costruito da bambini e che, se esaminate da adulto, possono essere riconosciute come inappropriate.

Il nostro subconscio utilizza i modelli comportamentali che abbiamo imparato per rispondere e reagire automaticamente a molti eventi quotidiani della nostra vita.

Questo è essenziale per la nostra sopravvivenza, dobbiamo essere in grado di rispondere rapidamente agli eventi che ci circondano, il che sarebbe impossibile se dovessimo riesaminare ogni aspetto delle cose ogni volta che succede qualcosa di semplice.

Le nostre risposte apprese e modelli di pensiero ci consentono di rispondere automaticamente alle circostanze in modo rapido e semplice. I problemi sorgono se in una fase iniziale, alcune delle convinzioni fondanti su cui si sono costruite molte altre, sono state formate su un errore prospettico. Forse la strategia era appropriata per una circostanza percepita come difficile allora, tuttavia spesso tali convinzioni si dimostrano totalmente inefficaci per riuscire nel mondo reale da adulti.

CAPITOLO 1: LA FONTE DELLA FELICITÀ

Ogni individuo su questo pianeta si sforza di essere felice. Questo è lo stato dell'essere che tutti conosciamo dal momento della nostra nascita. È uno stato dell'essere che riconosciamo come il nostro vero sé – in cui ci riconosciamo profondamente.

Ora, per la maggior parte di noi, questa felicità non dura. Viene sostituita da una forza in lotta per sopravvivere, che sembra essere l'opposto di essere felice. Il motivo per cui lo stiamo facendo è

Sorprendentemente semplice - perché ci viene detto di farlo.

- Il nostro retaggio ci dice cosa credere e sentire

- Il nostro governo ci dice cosa credere e sentire

- La nostra società ci dice cosa credere e sentire

Questa visione del mondo ci insegna che noi umani operiamo in modo simile ad un orologio meccanico. Ci indica che tutto è governato da causa ed effetto e quasi tutto può essere sostituito quando è danneggiato. Inoltre, ci viene insegnato il concetto di sopravvivenza del più adatto.

Collettivamente, queste due idee ci condizionano ad accettare che gli individui, come gli animali, debbano funzionare in uno stato di perfezione meccanica o essere sostituiti da componenti meglio funzionanti nel sistema.

Questi vecchi concetti hanno portato ad una società completamente egocentrica, guidata dall'ego, irresponsabile e ambientalmente distruttiva. Ci hanno condotto al culto dei cercatori di felicità che si fanno carico d'adrenalina, acquistando ogni giorno cose inutili - il tutto in un tentativo inconscio di mantenere l'illusione di essere impeccabili.

Siamo stati condizionati a consumare il mondo nel tentativo di raggiungere questa perfezione illusoria, e ciò si manifesta nella nostra vita quotidiana. In parole povere, lavoriamo in posti che non ci piacciono per comprare cose di cui non abbiamo bisogno.

Abbiamo dimenticato che la fonte della felicità si trova nel centro del nostro essere spirituale, e l'abbiamo sostituita cercandola nel mondo materiale.

Da dove viene inizialmente: dal desiderio? Dal desiderare qualcosa? Guarda bene la tua vita adesso. Dove vivi? Come sono i tuoi mobili? Che tipo di macchina guidi? Quanti soldi ci sono sul tuo conto in banca? Guardati allo specchio - come ti vedi? Tutto ciò è stato reso reale in un modo o nell'altro da te. Sono i miei pensieri i responsabili di tutto questo? Sì! Tutto ciò che vedi nell'universo fisico è stato creato in un modo o nell'altro dai tuoi pensieri. I tuoi pensieri sono le bozze di ciò che più tardi diventa forma fisica.

Tutto inizia con un pensiero, è un pensiero. Ecco perché è fondamentale prestare attenzione ai tuoi pensieri.

I tuoi pensieri non sono altro che frequenze o vibrazioni che risuonano con vibrazioni simili già esistenti. Affascinante, non è vero? Ti piacerebbe essere in grado di controllare le tue opinioni, dato che creano la tua realtà? Se sei in grado di controllare i tuoi pensieri, sei in grado di

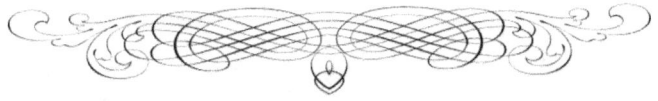

controllare ciò che vorresti creare e manifestare nella tua vita.

Se non riesci a controllare i tuoi pensieri, le cose si manifesteranno come se fossero casuali e non connesse a te – quando invece lo sono. Saranno in realtà manifestazioni di pensieri altrui. La tua coscienza è come una stazione radio.

È possibile *inviare* segnali e programmi e *ricevere* segnali e programmi. A volte potresti voler ricevere e qualche volta potresti voler inviare.

Sapere quando inviare e quando ricevere è uno dei maggiori fattori di successo nella vita. È l'equilibrio di sapere quando creare e quando sperimentare. Non puoi creare costantemente perdendo l'altra parte dell'esperienza. D'altronde, se provi solo cose, non otterrai mai nulla.

Un altro modo di porre la questione sarebbe porre attenzione sulla responsabilità responsiva: la capacità di rispondere consapevolmente. In ogni momento, hai una possibilità di scelta su cosa vuoi fare e cosa vuoi decidere. Se non eserciti questo potere, non succede nulla nella tua vita - o almeno non quello che vuoi. Questo ci porta al prossimo argomento.

La felicità è lo stato dell'essere del nostro vero sé, che abbiamo riconosciuto profondamente dalla nascita. Perdiamo di vista la fonte della nostra felicità attraverso una varietà di condizionamenti culturali, sociali, educativi, ambientali e relazionali. Quando rispondiamo alla vita dal nostro vero sé piuttosto che dai nostri sé condizionati, siamo in grado di rendere reale ciò che vogliamo.

CAPITOLO 2: PUNTI DI FORZA

Scoprire i tuoi punti di forza e i tuoi talenti è come costruire la base per la tua casa. È il tuo fondamento. È come il terreno da cui può crescere un albero bello e forte. Ti fornisce il tuo potenziale unico. È un regalo unico che è arrivato da te quando sei nato. Ti viene chiesto qui di nutrirlo finché non sarà abbastanza forte da guidarti nella tua vita.

TALENTI

Non sprecare il tuo tempo a inseguire il sogno o l'obiettivo di qualcun altro o qualsiasi cosa che non ti è stata data che non puoi rivendicare prima come tua. Usa i talenti che ti ritrovi dalla nascita o quelli che hai sviluppato lungo la strada.

Potresti diventare molto bravo in qualcosa ma non troverai mai la felicità vera e duratura se non puoi possederla completamente. Dovrai sempre compensare con qualcos'altro per non sentire il vuoto nella tua vita - un vuoto che in realtà può essere riempito solo dai tuoi propri punti di forza e talenti.

Se non conosci i tuoi talenti e punti di forza, sperimenta per realizzare il tuo grande progetto di vita. Usa tutti gli strumenti con cui ti senti a tuo agio. Cerca di trovare un modo per approfondire te stesso. Questa è la tua vita - e ne vale la pena!

Riconoscere la tua miscela unica di talenti e doni è il primo passo per scoprire chi sei veramente. Pensa ai tuoi sogni d'infanzia per gli indizi sul tuo condizionamento precoce. Chiedi ai tuoi amici di aiutarti a identificare i tuoi talenti. Tenere un diario di domande e risposte e fai riferimento ad

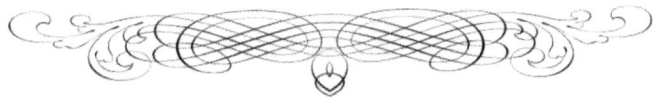

esso spesso, come un modo di concentrarsi sulle caratteristiche specifiche di te stesso e dei sogni che hai cari. Impara a utilizzare qualsiasi strumento che ti aiuti a trovare un modo per approfondire te stesso.

CORAGGIO

Se hai trovato i tuoi talenti e punti di forza, sai di essere unico. Tutto ciò ti dà sicurezza e un senso di stabilità. Ciò non significa che vai in giro a dire agli altri quanto sei diverso. È solo un riconoscimento di ciò che hai portato in questa vita. Impegnati a seguire questi doni e talenti; lascia che ti guidino. Non permettere a nessuno di dirti cosa dovresti fare. Non permettere a nessuno di dirti che non sei abbastanza bravo da realizzare i tuoi sogni. Identifica il più possibile i tuoi sogni, poiché sono le guide più sicure della tua vita. Ti mostreranno dove andare. Non c'è affatto la garanzia che tutto andrà bene e che sarà facile quando si seguono i propri sogni. Potrebbe essere il contrario.

Potresti sentirti solo al mondo con la sensazione che tutti gli altri stiano facendo la cosa giusta, tranne te. I tuoi doni, talenti e i punti di forza sono il tuo potenziale estremo, ma possono anche essere tuoi punti deboli che avrai bisogno di coltivare nel corso del tempo. All'inizio, essi saranno anche le tue debolezze e verrai messo alla prova. Più tu resisterai, più forti cresceranno

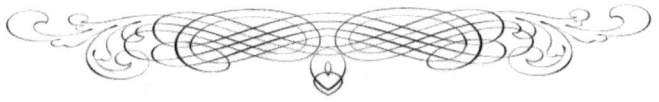

dentro di te, finché non diventeranno la tua forza vitale.

Scoprire la tua miscela unica di sogni e talenti personali aiuta a liberare da strati di condizionamento e ad avviare profondi cambiamenti nella tua vita. Renditi conto che tutti i cambiamenti, positivi o negativi, sono necessari e alla fine ti sosterranno in modo da aiutare la tua crescita. La comprensione interiore è infinitamente più significativa dell'accumulazione esterna. Sii non giudicante - non imporre standard artificiali a te stesso o agli altri.

ATTENZIONE: FONTE INFINITA DEL TUO POTENZIALE

L'attenzione è probabilmente il regalo più importante che possiedi. È l'atto di impossessarsi della mente, in forma chiara e vivida, di uno dei tanti oggetti o flussi di pensiero simultaneamente possibili. Implica il mettere da parte alcune cose al fine di trattare efficacemente con le altre persone. La nostra stessa percezione della realtà è strettamente legata a dove focalizziamo la nostra attenzione. Solo ciò a cui prestiamo attenzione sembra reale per noi. Le cose su cui non indirizziamo l'attenzione sembrano svanire nell'insignificanza.

Ognuno di noi sceglie, attraverso il nostro modo di vivere le cose, l'universo che abitiamo e le persone che incontriamo. Ma per la maggior parte di noi, questa "scelta " è inconscia, quindi non è affatto una scelta. Quando pensiamo a chi siamo, non possiamo ricordare tutte le cose che abbiamo vissuto, tutti i comportamenti e le qualità che abbiamo mostrato. Cosa ci viene in mente quando chiediamo: "Chi sono io? La risposta che ci diamo consiste in ciò a cui abbiamo prestato attenzione nel corso degli anni. Lo stesso vale per le nostre

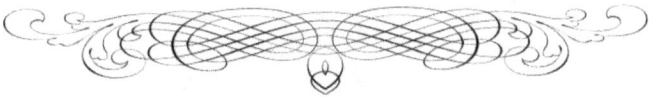

impressioni degli altri. La realtà che ci appare non è tanto ciò che è là fuori; piuttosto è data dagli aspetti del mondo su cui ci siamo concentrati.

Quello che guardiamo potrebbe non essere quello a cui assistiamo. È possibile guardare in una direzione ma in realtà notare cambiamenti in un'altra direzione. L'attenzione eccessiva è l'atto di dirigere i nostri occhi o orecchie verso una fonte di stimolo. L'attenzione nascosta è l'atto di concentrarsi mentalmente su uno stimolo particolare. Fondamentalmente, tu sei in grado di indirizzare la tua attenzione verso il mondo esterno o verso il mondo interiore. Sei in grado di osservare - attenzione – perfino i tuoi pensieri!

Padroneggiare e controllare la tua attenzione ti dà la libertà di scegliere ciò che accadrà nella tua vita. Ci sono molte cose che accadono nello stesso tempo in ogni parte del mondo, tuttavia, finché la tua attenzione non è diretta a nessuna di esse, non succede nulla per te.

Questo è molto importante da capire. Più riesci a controllare la tua attenzione, più attiri solo le cose della tua vita che desideri davvero. Se non presti attenzione alla scena del crimine sul tuo televisore, quella non esisterà. Se non presti

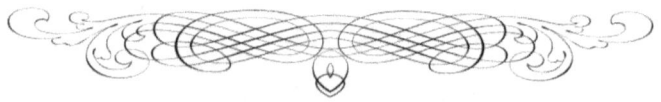

attenzione alle cose negative nella tua vita, quelle non costituiranno la realtà.

Questo non significa che dovresti ignorare le parti del mondo che non producono pace e felicità per te; significa semplicemente non dare loro troppa attenzione. Non lasciarti assorbire da loro - decidi quando è abbastanza e passa a qualcosa su cui vuoi focalizzare la tua attenzione, ad esempio, sugli obiettivi e sui sogni importanti della tua vita. La vita non è ciò che vedi in TV, né quello che senti e leggi nelle notizie!

CAPITOLO 3: SCRIVERE E USARE AFFERMAZIONI

Usa i verbi attivi nelle tue affermazioni. Ottenere, fare, avere, imparare, amare e guadagnare sono tutte parole che mostrano immediatamente un'immagine di azione per il proprio io interiore. Quanto più chiaramente sei in grado di vedere l'azione nella tua mente, tanto più potente sarà l'impatto dell'affermazione.

Afferma il positivo non il negativo! C'è una vecchia canzone che dice: **_Accentuate the positive Eliminate the negative [...] Don't mess with Mister In-Between._** Scegli sempre le parole per riflettere i risultati positivi che desideri.

Ad esempio: "*Ogni giorno scelgo felicemente il cibo che mantiene il mio corpo sano*" è molto più potente di "*Sto perdendo peso*".

Si noti che entrambe le affermazioni positive sono centrate sulla scelta e sulla salute. Il sé di base (mente subconscia) ama avere una scelta. Le due affermazioni si basano sulla privazione della perdita di peso. La paura di essere privati può però attivare il comportamento esatto che

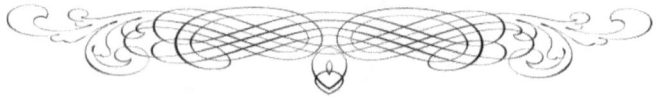

desideri interrompere. Quante volte hai deciso di seguire una dieta solo per iniziare a desiderare cibi proibiti nell'istante esatto in cui hai preso la decisione?

AFFERMAZIONI BREVI E DOLCI

Le affermazioni che sono semplici da ricordare e da ripetere avranno il massimo impatto. È più efficace usare tre brevi affermazioni facili da pronunciare.

Unisci una forte emozione alle tue affermazioni. Quando fai affermazioni usa parole che suscitino forti sentimenti in te. Quando pronunci le tue affermazioni, anche in silenzio a te stesso, dille con una forte emozione. Ecco un esempio: guardati mentre parli. Stai in piedi, cammina per la stanza e apri le braccia.

Se sei in un posto in cui stai dicendo le tue affermazioni in silenzio, visualizza te stesso compiere queste azioni fisiche nella tua mente mentre stai ripetendo le tue affermazioni.

Pratica la parte fisica di dire le tue affermazioni ogni volta che ne hai la possibilità. In questo modo avrai una solida àncora di te stesso che ti tornerà utile tutte quelle volte in cui hai bisogno di visualizzare il movimento e dire in silenzio l'affermazione.

Usa le parole al presente. *"Ora sto ricevendo, sto facendo, ora ho"*. Scegliendo queste frasi invii il

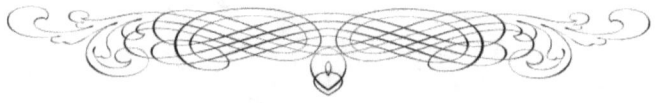

messaggio al tuo sé di base che il risultato desiderato esiste in *questo momento*.

È responsabilità del tuo sé di base soddisfare le tue direttive il più rapidamente possibile. Se metti le tue affermazioni al tempo futuro, riceverò, farò, etc...allora il tuo sé di base non ha una direttiva chiara per agire ora. Il tuo obiettivo desiderato continuerà a rimanere nel futuro perché sono le informazioni che stai esternando.

Dì ciò che intendi dire. Se la tua affermazione è: io sono un potente comunicatore, assicurati di aver definito chiaramente a te stesso esattamente quali azioni fa un potente comunicatore.

Ricorda che le parole sono simboli per i nostri pensieri. Ogni parola o combinazione di parole porta l'energia di un'immagine (pensiero) specifica per te. Esprimi le tue affermazioni per ottenere i risultati esatti che desideri. Investi in un buon dizionario dei sinonimi. Più parole hai al tuo comando, più preciso puoi essere nel formulare la tua affermazione.

Molti insegnanti e relatori motivazionali usano questa tecnica.

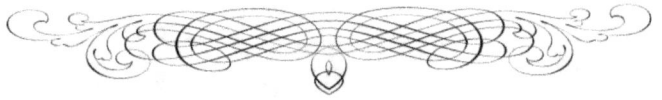

Ecco come funziona. Scegli un momento e luogo in cui sei sicuro di non essere disturbato per un po'. Inizia a dire ad alta voce le tue affermazioni usando molto movimento e grande energia emotiva.

Può essere un movimento semplice come toccare la fronte con il dito indice, stringere il pugno, toccare il pollice e il mignolo insieme o qualsiasi attività fisica che si può assegnare come specifica azione di ancoraggio. Evita di scegliere un'azione rumorosa come schioccare le dita o battere il piede perché potrebbero esserci delle volte in cui vorresti usare la tua àncora in maniera discreta. Inoltre, qualunque azione tu scelga, usala esclusivamente come ancoraggio per le tue affermazioni. Se, per esempio, hai l'abitudine di grattarti l'orecchio mentre ti concentri, quest'azione potrebbe non essere altrettanto efficace per te come nuovo comportamento assegnato alle tue affermazioni.

All'inizio di ogni affermazione, esegui l'azione. Metti tutta la tua energia ed emozione in questo. Immagina di salire sul palco. Dì l'affermazione, fai l'azione. Dì l'affermazione, fai l'azione. Fatelo per un'ora o più se ne siete capaci. La tua voce

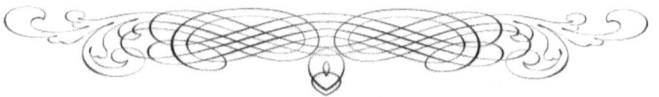

potrebbe diventare rauca, va bene così. Stai costruendo il tuo stile di vita.

Ogni volta che fai l'azione al culmine della tua energia emotiva mentre dici la tua affermazione, stai creando un collegamento diretto tra questa azione e la tua energia di affermazione. Sarai in grado di elevare il potere della tua affermazione in qualsiasi momento nel futuro solo facendo questa azione.

Ad esempio, potrai essere in un ascensore circondato da altre persone e iniziare a utilizzare il movimento di ancoraggio. Quando raggiungerai il piano sarai fomentato, come se avessi appena trascorso 30 minuti a gridare le tue affermazioni. Più si usa l'ancora, più solida sarà la connessione.

Rendi le tue affermazioni veritiere e realistiche. Le tue affermazioni sono la tua direttiva personale. Scegli le parole e le frasi che sono vere per te. Altre persone possono dare suggerimenti e anche darti affermazioni già scritte. Usa ciò che è significativo per te e scarta il resto. Le affermazioni create da altri potrebbero non essere mai così potenti per te come le affermazioni che crei tu e in cui credi.

Non ci sono " doveri " nelle affermazioni personali. Sei responsabile per i risultati che crei

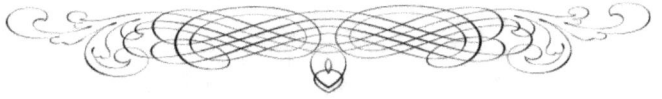

nella tua vita dalle azioni che scegli. Ascolta l'input che gli altri possono offrirti e poi prendi le tue decisioni. L'azione segue il pensiero. Ciò che decidi di pensare, ciò che affermi costantemente, determinerà la tua azione.

Una linea guida molto importante per la creazione di affermazioni è quella per cui le tue affermazioni siano applicabili solo a te. Puoi affermare di essere un marito più amorevole; puoi affermare di avere una relazione appagante con tua moglie, ma se cerchi di affermare che tua moglie dev'essere una moglie più amorevole, allora ti stai spostando nel regno della manipolazione psichica.

Le affermazioni sono basate sulle tue parole e pensieri personali e si applicano alla tua vita, non agli altri.

CAPITOLO 4: LA VITA CHE DESIDERI

Le affermazioni sono uno degli strumenti più potenti per creare benessere e il bello è che questo processo è subito disponibile per chiunque senza alcun costo. Che tu te ne renda conto o meno, usi affermazioni per creare le esperienze della tua vita in questo momento. Tutto ciò che accade, positivo o negativo, è attratto da pensieri, parole e azioni. Le affermazioni sono l'espressione del tuo pensiero, parole e azioni. Questa è la Legge di Attrazione ed è una legge universale. Tutta l'umanità è vincolata da questa legge, sia che ci creda o no.

Ad esempio, se dici a te stesso - Io non parteciperò ai concorsi a premi. Non sono fortunato, non vinco mai. Hai creato questa affermazione come affermazione. Stai affermando che tu non sei un vincitore. Questa potrebbe essere una constatazione di fatto o potrebbe non esserlo. Forse la realtà è che a volte vinci delle cose, sei fortunato e altre volte no. Ciò che è più significativo qui è l'affermazione che non si vince. Se mantieni il pensiero e l'immagine in modo

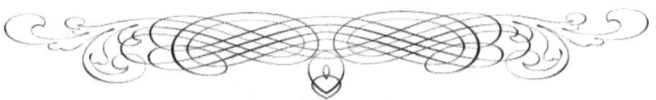

coerente, ti comporterai in modo coerente con quella convinzione. Diventa quindi una "profezia" che si autoavvera per te.

Forse l'affermazione più potente di tutti i tempi ci viene da Cartesio: *"Cogito ergo sum"* ("Penso quindi sono").

Ognuno di noi produce la propria realtà particolare nella vita con le parole che dice e con i pensieri che pensa. Quando realizzi il potere delle parole e dei pensieri, avrai risultati dinamici che cambieranno la tua vita usando le affermazioni positive come uno dei tuoi strumenti. La mente spirituale sa che ognuno di noi con le sue migliaia di pensieri o affermazioni segrete quotidiane è una cosa reale. Quindi se il pensiero di salute, forza e recupero è costantemente tenuto nella mente, tale pensiero si esprimerà nel corpo, rendendo la maturità continua, il vigore infinito e l'acutezza di ogni senso fisico sempre crescente. Le parole che usi quando parli a te stesso o ad altre persone sono affermazioni. Il tuo schiaffo mentale in fronte che dice: come hai fatto ad essere così stupido? Quando perdi l'uscita sulla superstrada, non fa nulla per sollevare il tuo spirito o rendere più luminoso il tuo mondo. Se inizi a usare piccole affermazioni felici, forse sarai

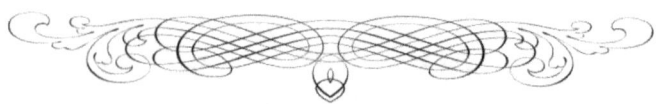

piacevolmente sorpreso di notare quanto sarà migliore la giornata. Tutti noi possiamo trarre beneficio dall'acquisizione di modelli di pensiero e discorso sostituendo il negativo con immagini positive, potenti e illuminanti. Le affermazioni positive sono lo strumento migliore per raggiungere questo cambiamento.

Fai un esperimento. Identifica la fonte di messaggi negativi che ricevi da altre persone ed elimina quella fonte per un intero mese. All'inizio può sembrare strano smettere di guardare i telegiornali della sera o smettere di ascoltare musica con testi negativi, ma scoprirai che se ti dai il permesso di farlo per un solo mese, eliminerai molto stress e disagio dalla tua vita.

La notizia eccitante è che se non sei soddisfatto della tua vita oggi hai il potere di cambiarla consapevolmente subito. Potrebbe essere un nuovo concetto per te, o magari no. Se hai difficoltà a credere che la tua esperienza di vita sia creata dal potere dei tuoi pensieri, accetta la sfida. Non costa nulla sperimentare affermazioni positive per determinare l'impatto che possono avere sulla tua vita. Non hai nulla da perdere sperimentando con le affermazioni. Hai solo tanto da guadagnare!

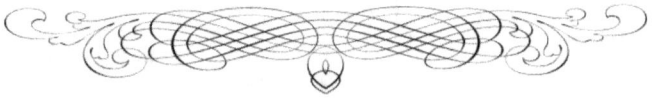

Non importa quale sia stata finora la tua esperienza di famiglia, cultura, ambiente o quanti anni hai. Chiunque può beneficiare dell'uso efficace di affermazioni positive. Il passato non predice il futuro. Non sei bloccato nella tua attuale esperienza di vita. Le affermazioni sono strumenti preziosi, usati per spostare la nostra realtà in direzioni positive. Usa affermazioni positive e autodirette per creare le profezie che si autoavvereranno per la tua vita. Puoi farlo in qualsiasi settore della tua vita.

CAPITOLO 5:

ATTEGGIAMENTO

È il principio basilare di guardare un bicchiere mezzo pieno o mezzo vuoto. È il tuo punto di vista della vita che determina il tuo atteggiamento. Se pensi che tutto ti debba essere dato gratuitamente, ti stai preparando ad una grande delusione. Passerai molto tempo ad arrabbiarti perché scoprirai presto che nulla ti viene fornito gratuitamente. Concentrandoti su chi sei e su quello che hai, cambierai atteggiamento e ti renderai più umile. Riconosci ciò che hai nella vita. Esci nella natura e riconosci la bellezza della vita. Scegli un fiore, guardalo e senti la sua grazia.

Ti basti quest'esempio. Un giornalista è stato mandato in un bar per intervistare tre uomini diversi che facevano esattamente lo stesso lavoro: martellare pietre.

Chiedendo se apprezzassero il loro lavoro, il primo risponde *"Lo odio davvero. Riesco a malapena a guadagnare i soldi per sopravvivere. Faccio sempre la stessa stupida cosa. Mi fa male la schiena, sto invecchiando e non vedo*

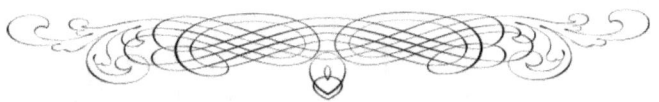

assolutamente alcun senso in quello che sto facendo".

Il secondo uomo risponde alla stessa domanda, dicendo: *"Non è male, ho una casa decente e una bella macchina. Amo la mia famiglia; tuttavia, non sono soddisfatto di quello che sto facendo".*

Il terzo uomo risponde: *"Adoro il mio lavoro. Sono assolutamente elettrizzato e apprezzo ogni giorno che posso farlo. Penso che il mio lavoro sia fantastico in quanto tutte queste pietre che martellerò saranno in seguito parte del materiale per costruire una cattedrale meravigliosa. Un luogo in cui molte persone possono adorare Dio e un luogo in cui numerose persone troveranno la forza per superare le difficoltà nelle loro vite. Non riesco ad immaginare di fare qualcosa di diverso, mi sento felice ogni momento".*

Bada bene - tutte queste persone stanno facendo lo stesso identico lavoro. È solo il loro atteggiamento che rende un individuo completamente diverso dall'altro.

Non solo questi individui sono tutti diversi. Ognuno di loro influenzerà gli altri intorno con il proprio atteggiamento.

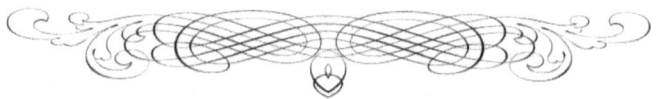

CAPITOLO 6: ZONA DI CONFORT

Vivere entro i confini della vita di routine si traduce in sentimenti d'insicurezza, frustranti e cupi, in gran parte a causa della monotonia che c'è di base. C'è anche un grande senso di depressione a causa del fatto che non si possono vedere chiaramente opportunità o possibilità di avanzamento o miglioramento del proprio stato attuale. Se ti capitano tali possibilità, sei titubante nel perseguirle perché diventi dubbioso che porteranno vantaggio. Penserai che la vita sarebbe stata migliore se fossi nato in una famiglia ricca, o se avessi frequentato una scuola migliore, e non farai nulla per rimediare alla tua situazione.

Una mancanza di fiducia in se stessi è conseguenza di quando si smette di affermare se stessi - ci si abbandona al destino lasciando che le cose accadano per te. Una vita del genere è spesa cercando l'approvazione di chi ti sta intorno; non c'è nessuna iniziativa personale per uscire dalla piccola cerchia di pensieri e avventurarsi verso l'inesplorato. Per queste ragioni, la tua vita diventa piena di ansia, un atteggiamento passivo

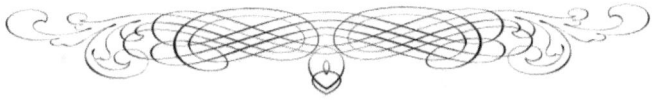

e difensivo, di dubbio, paura e diminuita autostima. Chiaramente, questo non è uno stile di vita piacevole.

Esci dalla tua zona di comfort. Le affermazioni di pensiero positivo sono ideali per le persone che desiderano uscire dalle loro zone di comfort. Funzionano affermando fiducia e ottimismo nel sé. La credenza di sé motiva le persone a creare cambiamenti che desiderano vedere nelle loro vite. Questo avviene attraverso l'autocontrollo e lo sforzo. Naturalmente, il primo passo deve essere la cancellazione del tuo discorso interiore negativo, che ha un grande peso nel modellare i pensieri, limitandoti al piccolo cerchio che è la tua zona di comfort.

VERSO IL POSITIVO

Le affermazioni positive avvieranno un nuovo processo di pensiero che creerà una nuova vita. Sarai in grado di spazzare via i dubbi e le paure che ti limitano alle costrizioni autoinflitte. Le affermazioni positive ti permetteranno di visualizzare i risultati che desideri vedere nella tua vita.

Quando crei le tue affermazioni assicurati che siano positive. Lascia che le affermazioni ti convincano. Lascia che siano brevi ma emotivamente e mentalmente intense. Devono essere in prima persona perché sono pensate solo per te. Inizia a ripetere le affermazioni con fervore. Usa la visualizzazione e crea immagini mentali di successo: ti servirà. Le affermazioni positive hanno lo scopo di riprogrammare il subconscio. La ripetizione delle affermazioni ogni giorno è necessaria affinché la riprogrammazione funzioni. Assicurati di essere calmo e raccolto quando lo fai. Se ciò si rivela impossibile, investi in un gadget in grado di ripetere le affermazioni nel sonno. Questa ha dimostrato di essere una tecnica molto efficace. Renditi conto che le affermazioni completano i tuoi sforzi. Sforzi

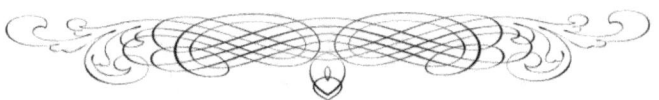

sconsiderati per uscire dalla tua zona di comfort non pagheranno. Lo sforzo deve essere sincero.

TEMPO

C'è una differenza tra la creazione nel proprio universo e la creazione nel mondo fisico. Quando crei dentro te stesso non esiste tempo: la tua consapevolezza è *senza tempo*! Ad esempio, se desideri cambiare il tuo atteggiamento nei confronti del tuo capo, non è necessario impostare un intervallo di tempo. Sei in grado di creare semplicemente l'intenzione: "*Apprezzo il mio capo*" o "*Apprezzo i punti di vista e le convinzioni del mio capo*". Funzionerà immediatamente se non c'è altra credenza. Quando si ha a che fare con il mondo fisico, l'impostazione di un intervallo temporale diventa importante. Il mondo fisico funziona nel tempo e nello spazio. Se costruisci una nuova casa, prima hai un piano, poi togli lo sporco, tiri su muri, installi l'impianto idraulico e sposti i mobili, finché la casa non è completa. Ci vuole tempo e fatica.

Presta attenzione alle reazioni che hai quando formuli la tua intenzione. La tua mente potrebbe interferire e dirti: "*Mai, non otterrò mai questo*" o "*questo è impossibile* ". Se incontri questi giudizi

istantanei, formula le tue intenzioni in modo diverso, in modo che si sentano più ferme.

Occasionalmente potresti voler scomporre una grande intenzione o proposito in parti più piccole. Ad esempio: *"Entro due settimane sarò milionario"*, è un'intenzione che potrebbe non funzionare per la maggior parte degli individui. Nondimeno, un'intenzione del tipo: *"Ogni giorno avrò più soldi da spendere"*, potrebbe portarti lì prima di quanto pensi.

CAPITOLO 7:
AFFERMAZIONI E
REALIZZAZIONI

Imparare l'arte di attrazione e realizzazione ci aiuterà a raggiungere ciò che vogliamo nella vita, concentrandoci su di esso. Fondamentalmente, la legge di attrazione afferma che portiamo a noi stessi qualsiasi cosa su cui ci concentriamo. Creiamo la nostra realtà. Lo facciamo perché la nostra realtà è plasmata dai nostri pensieri e credenze basati su ciò che ci è stato insegnato e creduto sin dall'infanzia.

RESTA SULLA RETTA VIA

Riassumiamo ciò che hai imparato finora. Sappi che realizzare i tuoi sogni è lo scopo della tua vita. Stai esercitando i tuoi punti di forza e talenti per contribuire al bene superiore di tutti. Sappi che realizzare i tuoi sogni è il tuo destino. Mai e poi mai dare a nessuno il permesso di toglierti questa potente forza. Decidi cosa vuoi nella vita. Questo potrebbe cambiare nel corso la tua vita, quindi rivaluta i tuoi obiettivi e sogni ogni tot di anni. Allineati con i tuoi obiettivi a lungo termine e aggiusta i tuoi obiettivi a breve termine.

Conosci i tuoi punti di forza, talenti e doni. Inoltre, conosci i tuoi punti deboli, esercita i tuoi punti di forza e ottieni aiuto dagli altri per le tue aree deboli. Hai pensato a un mentore? Comprendi che hai un potere d'attenzione illimitata. Decidi dove vuoi concentrare la tua attenzione. Limita le aree in cui sprechi la tua attenzione. Accresci le aree in cui desideri ottenere risultati.

Usa la tua immaginazione come un campo di gioco virtuale. Immagina cosa significa aver raggiunto i tuoi obiettivi. Immagina come ti sentirai quando vivrai i tuoi sogni. Contempla le tue convinzioni. Le tue convinzioni creano la realtà. Sostituisci le

credenze non sostenenti con le credenze che supportano i tuoi obiettivi e i tuoi sogni.

RIASSUMENDO

Usa una bacheca per rendere evidenti i tuoi sogni. Compra una grande bacheca di sughero e inizia ad annotare i tuoi sogni. Usa parole e immagini che mostrano esattamente ciò che vuoi nella vita. Metti questo tabellone in un posto dove puoi vederlo ogni giorno. Passa un po' di tempo ogni giorno e lascia che pensieri e sentimenti fantasiosi ti attraversino. Il tuo subconscio inizierà immediatamente a lavorare per trasformare i tuoi sogni in realtà. Agire su queste possibilità porterà finalmente i tuoi sogni alla vita!

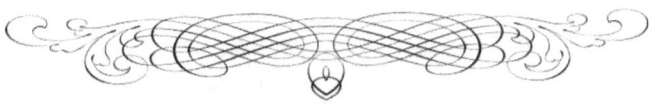

CAPITOLO 8: PRATICA QUOTIDIANA

Amare la vita con ottimismo porta il sole in ogni giorno. Le affermazioni positive come mezzo di pensiero possono aiutare un individuo a guardare la vita da un punto di vista più vivace e colorato.

L'ottimismo è una visione della vita in cui il mondo è un luogo positivo. In tal modo, una vita fantastica lo rende degno d'amore. La ricerca ha dimostrato che l'ottimismo può influire notevolmente non solo sul modo di pensare, ma anche sul modo di vivere.

Pensare in positivo sembra essere fortemente legato alla propria autostima. Il pensiero positivo sembra aiutare a migliorare il benessere psicologico e mentale di una persona.

Pensare in positivo sembra aiutare più persone a evitare di essere troppo influenzate dallo stress e dai problemi che potrebbero presentarsi.

La pratica quotidiana delle affermazioni è una buona cosa da esercitare. Le affermazioni aiutano a costruire una persona se fatto intenzione

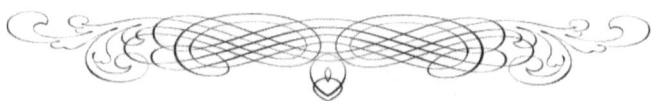

positiva. Tuttavia a volte le affermazioni possono funzionare per dare risultati opposti.

COME INIZIARE

Un modo di esercitare la tecnica di affermazione è attraverso l'affermazione orale. Verbalizzare le affermazioni positive per descrivere e relazionarsi a un tema particolare sarebbe molto efficace se fatto in modo coerente e continuo.

Quando l'affermazione viene verbalizzata, spesso la mente subcosciente la assorbe e produce una risposta positiva. Tuttavia troppa affermazione in qualcosa che non lo merita realmente farà sì che un individuo sul lato ricevente dell'affermazione sia troppo fiducioso e persino egoista.

Usare la tecnica di affermazione è un ottimo modo per motivare se stessi o quelli che ti circondano. Quando ci si trova in una situazione di disperazione o di crisi, questo metodo per mantenere un livello e una mente concentrata è un vantaggio.

Sfortunatamente per la maggior parte delle persone l'affermazione è usata più in modo negativo che positivo. Affermando ripetutamente un'affermazione negativa sia verbalmente che nel processo del pensiero, questa affermazione sta in

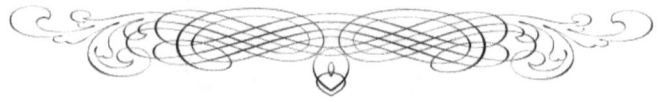

effetti giocando un ruolo convincente e alla fine produce il risultato negativo che sollecita.

Affermazioni incorporate nel conscio e nell'inconscio hanno il funzionamento simile ad un sistema informatico. Significa che il computer può funzionare solo sui programmi con cui è stato settato. Non si può chiedere al computer di tirar fuori un lavoro con software con cui non ha familiarità.

Allo stesso modo, se l'affermazione fornita all'individuo nel corso del tempo è nella forma negativa, allora il prodotto delle azioni dell'individuo tenderà verso il negativo.

Quando la mente subconscia è già programmata su una certa teoria o realizzazione, allora è improbabile che sia in grado di contrastare questo fatto già accettato.

CAMBIARE SE STESSI

Ognuno ha una serie di affermazioni nel suo subconscio che è stata programmata nel corso degli anni.

Se le affermazioni sono di natura positiva allora tutto va bene, se le affermazioni sono sempre di natura negativa, gravi conseguenze possono verificarsi nella vita di un individuo.

Sapendo che le affermazioni sono fatte con intenzioni specifiche di fare un giudizio di realtà, queste affermazioni potrebbero non essere sempre vere. Tuttavia, usare le affermazioni per creare un risultato positivo è ancora possibile.

A volte c'è la necessità di cambiare un'affermazione già da tempo accettata che non contribuisce al benessere di una situazione o di una persona. Se l'affermazione continua a svolgere un ruolo influente non controllato, il risultato di questa affermazione sarà sempre negativo.

Affermazioni negative messe in una mente giovane possono, il più delle volte, influenzare l'individuo da adulto. Molte persone che attraversano periodi difficili della loro vita non

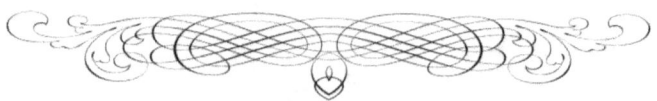

hanno idea di come uscire dalla situazione negativa a causa delle lunghe affermazioni negative nel loro subconscio.

Sostituire lentamente e consapevolmente queste affermazioni negative con quelle positive è un modo per riprendere il controllo della direzione della vita.

Prendere l'iniziativa di iniziare a usare affermazioni positive in ogni occasione è una buona abitudine da coltivare. Le persone che sono in grado di usare sempre affermazioni positive sono persone felici e popolari.

Tutti vogliono godere delle affermazioni positive.

Creare una "nuova" realtà nell'occhio della mente è qualcosa che può essere fatto con l'aiuto delle affermazioni positive. Alimentare il processo di pensiero con le dichiarazioni che affermano positivamente aiuta a costruire i livelli di fiducia e questo a sua volta è chiaramente indicato nel comportamento e nella vita quotidiana dell'individuo.

COME CAMBIARE

Una visione positiva nella vita è un sottoprodotto di molte affermazioni positive. La cosa migliore che chiunque può avere per rendersi e mantenersi forte mentalmente e fisicamente è una mentalità sana e positiva.

Quindi molte affermazioni positive sono un modo per contribuire a questo stato di salute.

Affermazioni positive e tecniche di pensiero positivo sono una combinazione imbattibile e potente. Entrambi questi elementi messi insieme aiutano a costruire un atteggiamento potente e positivo nei confronti della vita in generale.

Armato di questo stato mentale positivo, un individuo è in grado di trasformare il fallimento in successo, un potenzialmente brutto scenario di salute in un buono stato di salute. Una volta che l'effetto desiderato è stato visto, l'affermazione t'incoraggerà ulteriormente portando tutto al prossimo livello di successo.

Questa tecnica di affermazione è un prerequisito in qualsiasi programma di formazione in cui l'obiettivo è motivare i partecipanti a potenziare

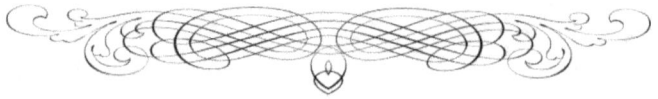

se stessi per fare grandi scoperte positive nelle loro vite.

Alcune persone raccontano addirittura che l'affermazione positiva contribuisce a tecniche psicologiche sane creando l'elemento necessario per l'empowerment personale che sviluppa l'atteggiamento positivo nei confronti della vita in generale.

Questa connessione con la fiducia interiore crea ulteriormente ed estende questa connessione con l'universo, conferendo così una forza di successo ancora maggiore.

Alcune aree specifiche possono essere affrontate con la capacità di praticare affermazioni positive e costanti ogni giorno. Queste aree includono salute e guarigione, aree in cui anche la meditazione è incoraggiata. Benessere, che può essere acquisito da pensieri di visualizzazione e affermazione. Il fattore amore e relazioni si ottiene praticando prima l'amore incondizionato e l'accettazione di sé.

La perdita di peso e i problemi di autostima sono affrontati vivificando se stessi con un buon allenamento fisico. La pace e l'armonia, la gioia e la felicità sono tutte possibili con l'affermazione di

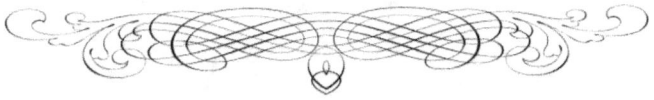

perdono consapevole, gratitudine e assunzione di responsabilità della propria vita.

OBIETTIVI E REALIZZAZIONE

Stabilire degli obiettivi nella vita è un buon modo per usare le affermazioni. L'affermazione degli obiettivi aiuta a mantenere l'individuo focalizzato in modo che vedano l'obiettivo già raggiunto.

Usare la tecnica di affermazione per condizionare la mente a raggiungere gli obiettivi stabiliti è molto utile per raggiungere il suo completamento e successo.

Mentre impostare gli obiettivi è una cosa facile da fare e richiede pochissimo pensiero ed energia, vederli allo stadio di conseguimento con successo è un altro problema.

Affermazione, visualizzazione e molti altri fattori aiutano a dare all'individuo l'energia e il potere necessari per creare la mentalità atta al raggiungimento dell'obiettivo. Di seguito sono riportati alcuni suggerimenti su possibili obiettivi che possono utilizzare la tecnica di affermazione per essere conseguiti.

- Procrastinare. Questa è un'abitudine difficile da rompere e spesso causa effetti dannosi. Tuttavia con l'uso dell'affermazione di suggerire

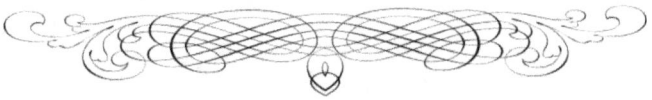

inconsciamente i vantaggi di ottenere il compito nell'immediato, l'individuo è lentamente in grado di liberarsi di questa abitudine. Imparare a evitare la procrastinazione con affermazioni positive alla fine permetterà di cancellare completamente l'abitudine.

• L'uso dell'affermazione per liberare la paura mentale associata a una situazione è anche cruciale per il successo del raggiungimento dell'obiettivo. Quando il fattore paura non è più una caratteristica dominante del processo di pensiero, non c'è panico e quindi la mente è in grado di concentrarsi sull'obiettivo a portata di mano.

• Annotare le idee obiettivo e tenerle in un posto in cui può essere visualizzato più spesso permette alla mente di rimanere concentrati sull'obiettivo e di non distrarsi con altre cose.

• L'affermazione aiuta a contrastare positivamente ogni dubbio che possa sorgere lungo il percorso verso il raggiungimento dell'obiettivo. Tuttavia,

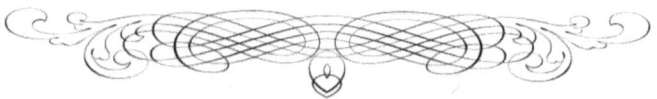

accertarsi che i dubbi siano infondati è importante prima di respingerli o sottoporre questi dubbi ad affermazione positiva.

COME SCRIVERE
AFFERMAZIONI
CORRETTAMENTE

Scrivere affermazioni non è qualcosa di insolito o nuovo. In realtà è stata una pratica a lungo incoraggiata da spot motivazionali, insegnanti e altri tipi di promotori del Self Empowerment.

Ecco alcune chiavi su come scrivere e utilizzare correttamente le affermazioni:

• Scrivi l'affermazione usando il tempo presente. Quando l'affermazione è scritta nel tempo presente crea un modello nella mentalità per identificare e concordare con il corpo e gli elementi circostanti e per creare le circostanze necessarie nel presente.

Questo aiuta l'individuo nell'eseguire immediatamente qualsiasi azione e non in un lontano futuro. Cosa che a sua volta tiene a bada la procrastinazione.

• Usa la voce interiore per concordare con l'affermazione scritta. Scrivere un'affermazione che sia collegata ad aspettative irreali non

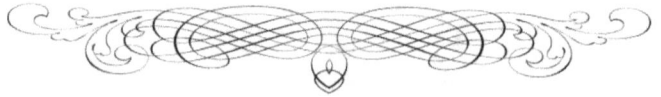

permetterà al corpo e alla mente di lavorare insieme per raggiungere l'obiettivo prefissato. La voce interiore deve essere allineata con l'obiettivo stabilito e l'affermazione a quel punto può aiutare a che questo accada.

• Mantenere la forma scritta breve e diretta. Se la mente è stanca o pigra, difficilmente leggerà un'affermazione lunga e noiosa, non importa quanto sia formulata. Attenersi ai punti importanti che devono essere affermati.

• L'affermazione deve essere credibile. Se c'è qualche dubbio legato all'affermazione, allora la mente non è in grado di convincere le altre parti del corpo a lavorare verso l'obiettivo.

• Desidera veramente l'affermazione fatta. Se il desiderio è potente, l'affermazione diventa molto più potente. Quindi assicurati che l'obiettivo sia veramente ciò che desideri perché l'affermazione positiva lo farà avverare.

COME USARE LE
AFFERMAZIONI
CORRETTAMENTE

Avere una serie di affermazioni nella vita è una buona cosa per essere in grado di attingervi. Tuttavia avere una buona conoscenza su come utilizzare al meglio l'affermazione a vantaggio della positività è una sfida. Quando l'arte dell'affermazione viene usata in modo errato non ha alcun valore per nessuno, o peggio, produce energia negativa.

È prudente aumentare le possibilità di avere una completa efficacia nell'esercitare queste affermazioni solo sapendo come usarle correttamente.

Quando si progetta e si usa l'affermazione, farlo sempre al presente. Se il riferimento viene fatto al futuro, allora non vi è alcuna linea temporale o urgenza specifica nella dichiarazione di affermazione.

Usare affermazioni che hanno un vero nesso è un modo corretto per iniziare. Fare affermazioni che sono impossibili e quindi verbalizzarle è

semplicemente ridicolo e la mente non può essere ingannata tutto il tempo.

Esprimere emozione e sincerità quando si fa riferimento all'affermazione è ciò che costruisce la passione e il desiderio per vedere realizzato l'obiettivo dell'affermazione. La mente e l'universo saranno d'accordo sulla base del fervore dell'affermazione.

Attaccarsi saldamente a un'affermazione è il modo per garantire che la potenza e l'attenzione rimangano costanti. Consente inoltre di monitorare l'affermazione in modo più chiaro.

Avere alcune affermazioni selezionate che siano credibili. In questo modo il cervello e il corpo possono essere in accordo con l'affermazione e lavorare insieme senza essere confusi.

Salutare la giornata con gli annunci dell'affermazione aiuta l'individuo a ricordare e mantenere in vita l'affermazione e l'obiettivo prefissato.

A volte è necessario ricordare costantemente le affermazioni, quindi scriverle su piccoli bigliettini e portarle in giro e riferirsi a loro occasionalmente durante il giorno è un buono strumento.

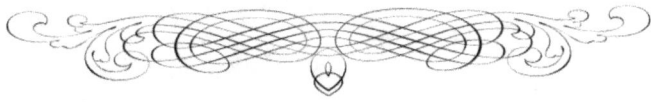

VISUALIZZAZIONE

La visualizzazione è uno strumento molto potente da utilizzare per quasi tutti gli scopi. Per dare più credibilità a un'affermazione, visualizzarla può portarla a un altro livello di realtà. Questa realtà negli occhi della mente aiuta a creare un'energia positiva

Tuttavia, non confondere: i termini fantasticheria e le tecniche di visualizzazione sono due cose diverse. Mentre sognare ad occhi aperti non stimola realmente un individuo a raggiungere un obiettivo, la visualizzazione lo fa, specialmente se abbinata all'elemento di affermazione. Vedere qualcosa nell'occhio della mente come reale, in qualche modo, trascende il fisico per mezzo del lavoro effettivo verso il raggiungimento di ciò che è stato visualizzato.

Il subconscio ricorderà costantemente alla mente di essere vigile per dimostrare la vera affermazione o per trasformare l'affermazione in realtà. Ciò avrà un impatto fisico sul corpo che invierà messaggi chimici e risponderà di conseguenza.

Se l'affermazione è associata a un oggetto materiale, la visualizzazione della proprietà dell'oggetto detto contribuisce anche a rafforzare ulteriormente la determinazione a raggiungere l'obiettivo dietro l'affermazione.

Molte innovazioni sono state fatte nel campo del benessere fisico o della medicina promuovendo l'uso dell'affermazione visiva. Affinché il processo di guarigione raggiunga il suo massimo potenziale, è necessario utilizzare il maggior numero possibile di strumenti di supporto.

Pertanto si consiglia di visualizzare il recupero completo dalla condizione medica negativa usando l'affermazione visiva. Inoltre, aiuta l'individuo a comprendere meglio il problema medico e a non averne paura. Nel non aver paura e nella comprensione del funzionamento della malattia, l'affermazione positiva sulla malattia è efficace. La visualizzazione consente un certo livello di controllo sul successo dell'affermazione.

ERRORI DA EVITARE

Come in tutto, ci sono lati buoni e cattivi. L'affermazione è un ottimo strumento per affrontare le avversità che richiedono una mentalità positiva. Non dimenticare: l'elemento di affermazione quando non usato correttamente può essere dannoso. Questi sono alcuni punti che dovrebbero essere considerati in relazione all'affermazione.

Rinunciare troppo facilmente è uno dei motivi comuni per cui gli obiettivi non vengono raggiunti anche con l'assistenza di affermazioni positive. Creare un tipo di routine aiuta a rinforzare l'affermazione ogni giorno e, quindi, a fare in modo che l'effetto duraturo si costruisca su se stesso.

L'idea è che ogni volta che l'affermazione viene verbalizzata o utilizzata, la disposizione mentale e la sicurezza risultanti vengono amplificate. Così rinunciando troppo presto alla corsa verso l'obiettivo, l'affermazione non ha la possibilità di manifestarsi positivamente.

Non variare le affermazioni troppo spesso. In effetti sarebbe una buona idea attenersi ad una

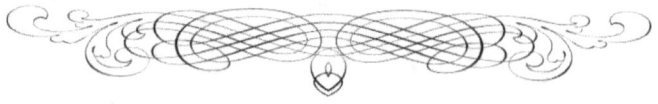

affermazione fino a quando i risultati desiderati iniziano a prendere "forma". Il pericolo nell'avere troppe affermazioni diverse è che la mente diventa confusa e non può concentrarsi sulle varie affermazioni e quindi non si sperimentano reali scoperte. Dedicare un'affermazione a un progetto alla volta è molto saggio.

L'abilità di focalizzare l'attenzione sull'affermazione è anche un altro punto cruciale da seguire. Quando ciò non viene fatto, la mente non può concentrarsi correttamente sull'obiettivo e quindi non ci sono risultati concreti. La mancanza di un'attenzione focalizzata sull'affermazione si traduce nel fatto che la mente non è in grado di manifestare alcuna proiezione positiva per il cervello da elaborare.

Se si è in grado di fare uno sforzo cosciente per evitare di fare tutti gli errori di cui sopra, allora forse c'è una buona possibilità di riuscire a usare le affermazioni per ottenere risultati positivi.

CAPITOLO 9: ESEMPI

A volte, se non la maggior parte delle volte, le persone hanno bisogno di affermazioni positive per essere aiutate lungo i sentieri tortuosi della vita. Queste affermazioni mantengono l'individuo focalizzato sull'obiettivo finale e forniscono gli strumenti necessari per perseverare.

Di seguito sono elencate alcune delle affermazioni positive che chiunque può adottare nella propria vita quotidiana per quella spinta extra nella giusta direzione.

• Essere positivi nel chiedere e ottenere tutto ciò che è richiesto, aiuta a costruire la fiducia nell'arte dell'affermazione stessa. Questo è ulteriormente rafforzato quando ci sono segni di risultati positivi.

• Essere fiduciosi che tutto ciò che viene ricevuto è più che sufficiente e avanzi pure, fa sì che l'individuo si prepari positivamente in termini di aspettative. Visualizzare un conto bancario straripante e sano è senza dubbio il risultato più gradito e desiderato.

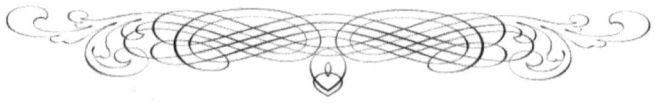

• L'affermazione che ogni sforzo intrapreso porta risultati positivi reali aiuta a dare origine al livello di impegno dato al successo.

• Affermare costantemente di essere sul lato positivo delle cose, è un grande stimolo e un'attrazione, poiché questo dà anche a coloro che ci circondano un senso di successo.

• Considerare se stessi come persone di successo influenza sia il corpo che la mente. Con questa mentalità, la gente pensa, agisce e si comporta in modo diverso e con un modo positivo che li circonda.

• Affermando il fatto che ogni impresa si conclude con un successo totale e illimitato, non solo attira un livello più elevato di fiducia, ma attira anche persone potenti nella cerchia più prossima.

• Il successo arriva senza sforzo, è un'affermazione in cui avere totale fiducia. Una delle affermazioni più deliziose da avere.

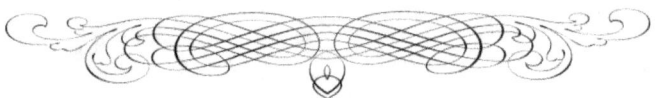

• La mentalità che crede di essere una calamita per persone dalla mentalità positiva apre opportunità che altrimenti non esisterebbero.

• Avere l'effetto di essere contagiosi quando si tratta di successo, è il motivo principale per cui le persone di maggior successo si uniscono.

• Afferma l'amore per il particolare percorso scelto. Le persone che amano ciò che stanno facendo sono davvero persone felici, e a tutti piace avere intorno persone felici.

CONCLUSIONI

Avere delle affermazioni per aiutare a raggiungere un obiettivo è molto utile, tuttavia anche con le affermazioni in atto a volte l'obiettivo non raggiunge mai il punto desiderato. Ci sono molte possibili ragioni per questo.

Rifiutare le offerte anche se le offerte sono molto redditizie è un modo per non raggiungere l'obiettivo prefissato. Quando non ci sono affermazioni ferme nella situazione o nell'individuo, le opportunità possono essere perse semplicemente perché sembrano schiaccianti.

Essere in grado di superare tutte le aspettative può essere fatto solo se c'è la presenza di affermazioni. L'affermazione fornisce la spinta necessaria per ottenere più del previsto, quindi senza di essa possono derivarne solo risultati standard o mediocri.

Fermarsi ad assaporare ogni progresso notato, grande o piccolo, è fondamentale nel mantenere l'affermazione benefica. Realizzando e riconoscendo i progressi raggiunti dall'affermazione, si contribuisce a rafforzare sé

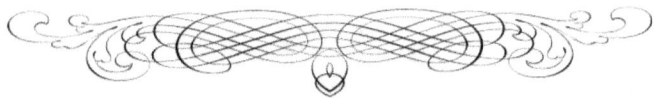

stessi a un livello diverso e più potente e senza questa spinta di fiducia le cose potrebbero svanire.

La passione è un elemento che mantiene in vita la maggior parte delle cose e raggiunge costantemente nuove vette. Senza l'affermazione di mantenere viva la passione, il successo potrebbe essere elusivo e irraggiungibile.

Il successo si riduce quando non si formano buone abitudini. L'affermazione aiuta l'individuo a sostenere se stesso per raggiungere l'obiettivo grazie alle buone abitudini che promuove lungo il percorso al fine di mantenere l'obiettivo "vivo". Creare e mantenere buone abitudini attraverso l'affermazione quotidiana aumenta il successo dell'individuo e il conseguimento delle proprie mete.

Avere delle piccole cadute non è insolito quando si persegue un obiettivo. Eppure, con un'adeguata affermazione positiva, è probabile che l'individuo sarà in grado di raggiungere l'occasione attingendo a poteri di riserva sconosciuti che ogni individuo possiede.